AF253545

NOTICE BIOGRAPHIQUE

SUR

M. Antoine AURIOL

SCOLASTIQUE DE LA CONGRÉGATION DU S.-ESPRIT ET DU S.-CŒUR DE MARIE,

Décédé pieusement dans sa famille, à Pont-du-Château, le 19 octobre 1883.

> *Placens Deo factus est dilectus, et vivens inter peccatores translatus est :*
>
> Le juste a plu à Dieu, il en a été aimé; et Dieu l'a transféré d'entre les pécheurs, parmi lesquels il vivait, pour le cacher dans le secret de sa face. *(Livre de la Sagesse,* ch. iv, v. 10).

Oui, Seigneur, appelle à toi tes élus d'ici-bas, mais laisse au moins à la douleur muette le langage des larmes, au pauvre cœur brisé le baume du souvenir. Le souvenir... Qu'est-ce que le souvenir? Une fleur immortelle qu'aiment à la fois la joie et la tristesse, fleur qui rappelle et fait revivre, même pour la terre, ceux que Dieu lui ravit.

Triste fleur qui console, c'est toi que je veux planter aujourd'hui sur le sol d'une tombe, celle d'un ami. Vous qui, au nom d'Auriol, sentez encore mouiller votre paupière, venez après moi arroser de vos pleurs cette tige que ma main commence à cultiver. Venez, car sous l'amertume d'une larme grandit toujours plus belle la véritable fleur du souvenir.....

Sixième rejeton d'une honorable famille, le 23 décembre 1863, un enfant voyait le jour dans la petite ville de Pont-du-Château, et quand l'eau sainte eut coulé sur son front, cet enfant avait nom : Antoine. Quelle joie, dira-t-on, quel bouheur pour un père et une mère de voir, entourant un même foyer, six jeunes chérubins, têtes chéries..... Hélas, les chérubins ne sont point faits pour la terre; plusieurs d'entre eux avaient déjà gagné le ciel; et peu de temps après, Antoine devait rester seul pour consoler l'infortune encore en deuil. Dieu voulait sans doute que l'enfant nouveau-né fût seul pour avoir plus entier pour lui l'amour d'une mère. Aussi, comme il était aimé ! Il grandira, disait cette mère, il grandira, mon fils ; et, pour que Dieu n'ose point me le ravir, celui-là, je le lui donnerai dès ici-bas.

C'est ce que nous dit celui qui plus tard devait devenir son Raphaël. Donnant en même temps sur son élève un jugement dont tout le monde connaît l'exacte vérité, M. l'abbé Planat, curé de Ménétrol aujourd'hui, répond à nos désirs en nous communiquant ainsi l'expression de ses propres sentiments :

« La bonne mère d'Antoine, qui voulait surtout le préserver de la contagion du monde, désirait le donner à Dieu et lui voir embrasser l'état ecclésiastique ; elle disait souvent que son plus grand bonheur serait de voir son fils prêtre. C'est pour satisfaire ce pieux désir que je me décidai, après avoir pris l'avis de M. le curé et de mon confrère, à lui donner les premiers éléments de la langue latine. Il était bien jeune alors, de caractère surtout, et rien de particulier ne se faisait remarquer en lui. Il était timide, et cette timidité était même poussée à l'excès à l'égard des personnes qu'il ne connaissait pas ou qu'il craignait. Elevé avec soin et d'une manière très-chrétienne par ses excellents parents, il n'avait pas les défauts des enfants des rues : il ne les fréquentait pas. Je n'étais pas cependant sans inquiétude ; mais ces premières appréhensions furent bien vite dissipées, et je ne tardai pas à reconnaître qu'il avait suffisamment d'intelligence, de mémoire et de jugement pour arriver au but désiré. Le reste devait être l'œuvre de Dieu.

» Quoiqu'il eût alors onze ans, il est probable qu'il se contentait de penser par ses bons parents, car je n'avais jamais remarqué en lui aucun attrait particulier pour l'état ecclésiastique, ni aucun désir d'embrasser ce genre de vie ; il étudiait dans ce but parce que c'était la volonté de son père et de sa mère ; il ne rêvait pas autre chose.

» Elevé très-chrétiennement, il était pieux, et le bon Dieu qui voulait en faire un religieux lui avait donné, je crois, l'instinct de l'obéissance. Il avait pris aisément l'habitude de commencer son travail par la prière, même en mon absence. Si parfois j'oubliais de réciter le *Veni Sancte* au commencement de notre petite classe, il me le rappelait ordinairement. »

Déjà formée, comme on le voit, à la piété et à l'obéissance, la jeune plante était suffisamment préparée ; restait à trouver le sol où elle pourrait être plantée et grandir sous l'œil de Dieu. Comment advint-il que la famille de l'enfant choisit Saint-Sauveur pour lui abandonner l'objet naissant de son espoir ? Dieu le sait ; toujours est-il qu'à la rentrée de 1877, le petit séminaire de Cellule comptait en lui un élève de plus.

Pénétré de ses devoirs de père, M. Auriol écrivait à la date du 1er novembre suivant au R. P. Supérieur :

« Mon Révérend Père,

» La réputation bien méritée de votre institution m'a fait un devoir de vous confier mon fils pour son instruction. Craignant de ne pouvoir être assez heureux pour vous voir et causer avec vous avant que j'aille à Cellule visiter ce fils que j'aime, je voudrais vous prier de veiller à ce qu'il travaillât assiduement.

» M. le Curé de Ménétrol a reconnu en lui des facultés importantes qu'il souhaiterait, comme nous, de voir mettre à profit, et il vous sollicite, par mon organe, de vouloir bien vous occuper de lui ; car déjà nous avons fondé sur lui de grandes espérances.

» Nous laissons cependant à Dieu d'en disposer selon sa sainte volonté. »

La bonne terre avait désormais la bonne semence : il ne restait plus qu'à faire germer le grain qui devait produire l'excellent séminariste. C'était l'ouvrage de Dieu, et Dieu avait alors à Saint-Sauveur des instruments qui l'avaient déjà servi dans ses vues, et qui étaient dignes de le servir encore.

La vie de l'étudiant chrétien est une vie d'obéissance continuelle : Antoine l'avait compris, mais ce n'était pas assez pour son âme généreuse ; il avait besoin d'obéir à quelqu'un qui lui rappelât à la fois son père et son ancien précepteur. Il lui fallait un directeur. C'est le R. P. Supérieur qu'il choisit ; c'est à lui qu'il confia le gouvernail de son âme. Dès-lors sa voile, docile il est vrai, mais trop jeune encore pour se conduire elle-même, pouvait flotter sans crainte. L'habile pilote était là : le voyageur pouvait voguer en paix.

Aussi les années s'écoulèrent-elles sous un ciel dont rien ne vint troubler la sérénité. Les maîtres étaient contents de l'élève autant que celui-ci l'était d'eux. La régularité de sa conduite, sa piété solide, son application confirmaient assez l'opinion qu'on avait eue de lui. Il réussira, disait-on, et il répondra à la première pensée de sa mère. On croyait savoir ce que cachait le voile de l'avenir, mais ce qu'on ignorait certainement, c'est qu'Antoine nourrissait dans son cœur un désir qu'une sage direction avait, sans le savoir, accru et fortifié.

C'est cette pensée secrète qui, le 24 février 1880, lui dictait, à l'adresse de son directeur, la lettre suivante :

« Mon Révérend Père,

» Après avoir longtemps hésité, j'ose aujourd'hui venir vous demander la faveur d'aller au Petit Scolasticat. Depuis que je connais cette maison bénie, mon Révérend Père, je me sens appelé par Dieu à devenir plus tard un membre de la Congrégation du Saint-Esprit et du Saint et immaculé Cœur de Marie.

» J'espère, mon Révérend Père, que vous voudrez bien accepter ma demande. En attendant une réponse, je suis, mon Révérend Père,

» Votre enfant soumis,

» Ant. AURIOL. »

, Qui avait pu lui donner une si noble inspiration? Le R. P. Supérieur était lui-même à se le demander ; plus que tout autre, il en avait le droit et le devoir. Ce ne fut que deux jours après qu'il donnait au solliciteur la réponse réclamée.

« J'ai encouragé, nous dit-il lui-même, et félicité cet enfant de ses bons sentiments, mais sans lui faire espérer qu'il serait admis de longtemps, à cause de son âge et de sa santé. »

Pour lui, ce n'était point une réponse, qu'un refus fondé sur deux raisons en apparence si faibles. Son âge : est-on jamais trop jeune pour se donner à Dieu ? Sa santé : mais, à son dire, il se portait à merveille.

Un bras fortuitement cassé à deux ou trois reprises, ce n'était pour lui qu'un de ces accidents dont chacun peut, tôt ou tard, devenir victime. Mais au rapport du Préfet de santé de l'époque, le R. P. Lejeune, le fin fond de la chose accusait chez le jeune étudiant une faiblesse de constitution triplement manifeste.

N'importe, comme il le disait lui-même, ce n'était point la réponse qu'il attendait ; et, formulant en secret une réfutation qu'il croyait sans réplique, ne dût-il pas se demander : « Si ce n'était point là le véritable motif du refus ? Si j'étais indigne de ce que je demande ? »

Et alors, seul à seul avec cette pensée qui l'absorbait, quels ne durent pas être ses généreux efforts ?

Trois mois s'étaient passés, trois mois d'une anxieuse attente, et le jeune postulant d'autrefois réitérait ainsi sa demande :

« Mon Révérend Père,

» Toujours rempli du même désir qui me porte à devenir un généreux enfant du Vénérable Père Libermann, je viens une fois encore vous demander si, quoique étant au Petit Séminaire, je suis compté au nombre des petits scolastiques de la Congrégation. Ce manque de réponse me laisse dans une incertitude que je ne saurais vous décrire. Je crois que M. le Curé de Ménétrol, mon ancien professeur, qui s'intéresse beaucoup à moi, a dû vous donner son avis sur ce point. Maintenant, mon Révérend Père, tous les obstacles sont levés. Pendant le mois de février, j'ai demandé à la sainte Vierge la grâce d'avoir le consentement de mes parents, mais elle a voulu pour cela attendre la fête de son glorieux époux, et ce jour-là même j'ai été exaucé.

» Aussitô, je me suis empressé de les remercier et de m'acquitter de ce que je leur avais promis.

» Veuillez, mon Révérend Père, me donner une réponse à ce sujet.

» Votre très-obéissant et très-respectueux serviteur. »

Il n'avait donc plus qu'un consentement à obtenir, celui de son directeur ; pour celui de sa famille, la sainte Vierge et saint Joseph le lui avaient procuré. — Ce n'est pas à dire pour cela qu'il n'eût coûté un peu et que la victoire eût été emportée au premier assaut. Témoin ce petit épisode des vacances, temps de filial épanchement. Antoine avait dû, plus clairement que jamais, exposer à ses parents ses desseins que l'âge avait déjà mûris. Il n'y eut qu'une voix : « Il n'en sera pas ainsi. » Mais lui, avec un sourire plus éloquent encore que ses paroles : « Oui, si la maison n'avait ni portes ni fenêtres ! »

Que pouvait une famille en face d'une résolution déjà si arrêtée ? Que pouvait-elle contre un fils à qui le désir du bien donnait chaque jour les armes de la prière ? Mais cette parole, qu'il réclamait si instamment du R. P. Supérieur, allait-il enfin la recevoir ?

Consilium semper a sapiente perquire, avait dit Tobie à son fils. Et convaincu de l'équité de ce précepte, Antoine avait demandé le conseil de la Sagesse, et la Sagesse ne pouvait plus tarder à se prononcer.

Le jeune humaniste pouvait enfin faire à saint Joseph et à Marie sa seconde action de grâces ; sa prière était enfin complètement exaucée. Il pouvait, quelques jours plus tard, aller tranquillement jouir de ses vacances, car lorsque la Rhétorique lui ouvrirait son sein, il était assuré d'être au nombre des petits scolastiques.

Quel bonheur ! quelle joie indéfinissable pour cette âme arrivée enfin au terme de ses soupirs ! Aussi, ses jours de repos eurent-ils tous les charmes de ce bonheur, de cette joie qui se trahissaient au dehors par une gaieté toujours nouvelle.

Quand la rentrée des classes de 1881 rappelait aux labeurs les élèves de Cellule, Antoine, plus joyeux que de coutume, s'installait au petit scolasticat, et son nom figurait parmi ceux des nouveaux postulants. Ses anciens amis de séminaire n'eurent nullement à s'en étonner, car la bonne nouvelle avait déjà volé de bouche en bouche, et ce n'était plus pour la plupart l'objet d'un mystère.

Allait-il, en s'enrôlant sous une autre bannière, les oublier, ces amis d'autrefois ? La seule chose qu'il désirait, c'était que l'oubli ne fût pas plus fait pour les autres qu'il ne l'était pour lui, et force fut, en se séparant, le soir de la rentrée, de lui promettre de nombreuses visites.

Le premier pas était fait. Libre désormais de toute inquiétude, le postulant n'avait plus qu'un désir sur lequel devait se régler toute sa nouvelle vie. Il n'aspirait plus qu'à se rendre digne de sa vocation sainte pour être admis définitivement dans le sein de la Congrégation qu'il avait aimée et choisie.

Le jour qui devait mettre le comble à tous ses vœux n'allait pas longtemps se faire attendre : la cérémonie de la prise d'habit était fixée à la veille de la Saint-Joseph. Antoine était un des fortunés de ce beau jour.

Prosterné devant son Dieu, il pria longtemps ; il pria Marie, lui murmura ardemment la belle prière :

> Prends mon cœur, le voilà, Vierge, ma bonne mère ;
> C'est pour se reposer qu'il a recours à toi :
> Il est las d'écouter les vains bruits de la terre,
> Ta secrète parole est si douce pour moi !

Quand une voix chérie vint l'arracher à son angélique recueillement ; l'heure solennelle était venue où il pouvait s'écrier :

> Mère, plus je te vois, plus je te trouve belle,
> Et je viens déposer mon cœur à ton autel.

Et tandis que derrière les barreaux de la grille, de grosses larmes mouillaient la paupière d'un père, lui, d'une voix haute, prononçait son éternel adieu aux choses de ce monde (1).

Et, quelque temps après, comme un ami lui demandait : « Eh bien, Antoine, êtes-vous content, maintenant ? — Oh ! oui, je suis content, bien content, » répondait-il avec franchise. Pour lui, voyageur de la terre, ce n'était que la première source d'eau vive qu'il trouvait sur sa route pour désaltérer sa soif des choses de Dieu, et comment son âme n'aurait-elle pas été heureuse ? Dès lors il ne pensait plus qu'au jour, lent à venir, où, loin du vain bruit du monde et de ses noires ténèbres, son oreille pourrait enfin s'ouvrir aux voix d'en haut, et son regard s'élancer plus librement vers les cieux. *Ad majora nati sumus*, se disait-il, et c'est cette pensée qui devait nourrir désormais sa ferveur et son amour du bien.

Cependant l'année scolaire 1882 venait de finir. Une demande, favo-

_____

(1) Il avait choisi pour patron saint François de Sales. — Tous ceux qui l'ont connu savent dans quelle mesure il reproduisait dans son caractère la douceur de cet aimable saint.

rablement accueillie, permit au jeune scolastique d'aller passer au sein de sa famille les vacances qui devaient être ses dernières. Nous disons favorablement accueillie, car ses maîtres savaient bien que la piété du titulaire ne perdrait rien de sa vigueur dans un milieu qui en avait été la source. D'ailleurs, qu'avait-on à redouter pour celui que Marie avait tantôt couvert de son égide? Les derniers jours de liberté s'écoulèrent rapidement pour un cœur qui flottait encore malgré soi entre l'amour filial et le devoir. Et pourtant, dans ses innocents plaisirs, il ne cessait de ramener sur ses lèvres quelque mot qui trahissait la secrète ardeur de son âme.

Un jour que d'intimes réjouissances avaient amené auprès de lui quelques-uns de ses amis de séminaire, il laissa échapper ces paroles : « Comme nous sommes réunis ici, si nous pouvions l'être un jour sous le soleil d'Afrique en face des pauvres noirs !..... Mais non, » ajoutait-il tout bas en secouant la tête.

Ame d'élite qui, n'ayant plus rien à craindre pour son salut craignait pour le salut de ses frères !

Mais déjà l'heure allait sonner, l'heure où tout cœur qui l'avait intimement connu allait en silence étouffer un sanglot : l'heure de la séparation allait sonner.

Pauvre mère, il te fallait perdre ce fils !... Tu pleuras, tu pleuras longtemps en serrant dans tes bras ton Antoine qui t'allait quitter ; et il vint un moment où tu pleurais encore, et ce fils n'était plus là. Il avait pris le chemin qui l'emmenait bien loin de toi.

Quelques heures après, vers le coucher du soleil, on pouvait voir deux jeunes voyageurs cheminer dans un silence rarement interrompu : l'un portait le costume que Saint-Sauveur donne à ses enfants ; l'autre les livrées que Dieu réserve à ses futurs apôtres. Ce dernier tira de sa poche un petit objet d'art, et le montrant à son compagnon : « Un présent d'outre-mer, fit-il, précieux souvenir récemment apporté du pays des pauvres noirs. » Et avec un sourire entier : « Un jour, quand je reviendrai de ces pays lointains, moi aussi je vous apporterai des souvenirs. »

Simples, mais belles paroles, fidèle expression du brûlant espoir de notre cher Antoine ; car c'était bien de sa bouche qu'elles sortaient.

Mais, dira-t-on, où se dirigeait ainsi notre tardif voyageur ? La reconnaissance guidait seule ses pas. Il allait, en attendant que son père vint le prendre pour le conduire à Cellule, dire au Raphaël de ses jeunes ans, avec ses derniers adieux, une nouvelle expression de sa gratitude. Le lendemain trouvait monsieur Auriol exact au rendez-vous, et, bien longtemps avant l'ombre du soir, le père et le fils avaient étouffé, dans une suprême étreinte, la douleur d'une cruelle séparation.

Pendant que l'auteur de ses jours essuyait à l'écart une larme furtive, lui poursuivait la route de l'abnégation. Adieu, murmurait-il, d'une voix qu'il essayait en vain de rendre forte, et cherchant encore un bon mot pour arracher un sourire à la douleur, il détournait la tête....

Le sacrifice était accompli....

Le grand Scolasticat de Chevilly allait dès lors devenir la demeure du titulaire. Qu'il était heureux, cet enfant de l'Auvergne, en pensant qu'il trouverait là des compatriotes, des amis, des frères.

Des frères... Il avait regardé autour de lui, et n'en ayant point vu sans doute, il s'était dit : « J'irai et je chercherai. » Il avait cherché et enfin il avait pu dire : « C'est là que je dois m'arrêter. »

« Là, tout en famille : prières, joies, douleurs, tout en famille, tout en frères.... »

Quelques jours après sa rentrée en cette sainte maison, arrivait le premier exorde de son bonheur.

Sans jeter sur ses correspondances de famille un coup-d'œil qui serait peut-être indiscret, il nous sera donné pourtant de recueillir de sa propre plume, avec l'exposé de sa situation, l'expression des sentiments qui l'animent.

L'épi que nous glanons est d'une lettre datée du 2 octobre 1882, dans laquelle, après avoir remercié le R. P. Supérieur d'avoir pris soin de sa vocation religieuse, il continue : « Si je n'ai pas toujours répondu à tant de zèle de votre part, mon R. Père, croyez que ce n'est point par mauvaise volonté, mais plutôt par faiblesse de caractère.

« Je suis très-bien ici, à Chevilly ; je fais des progrès, à mon avis, pour l'oraison ; je commence à comprendre les divers moyens de bien s'approprier les sujets de méditation. Mais il est une chose qui me cause préjudice : Mon imagination travaille et m'entraîne loin du sujet.

» C'est là, mon R. Père, la seule chose qui me porte obstacle. »

Naïve expansion d'un cœur qui ne savait qu'être ouvert ! Ne nous semble-t-il pas entendre Pierre (qu'on nous permette la comparaison), s'écrier comme au jour de la transfiguration : « *Bonum est nos hic esse.* » « Oh ! qu'il fait bon ici !... »

Il faudrait l'ouïr lui-même raconter à ses condisciples de Cellule jusqu'aux moindres détails de sa nouvelle vie. Quel abandon !... quel cordial enjouement !... mais ce ne serait peut-être pas assez respecter des larmes trop chères, que de rappeler de l'ombre un rayon de cette gaieté expansive que reflétaient toutes ses paroles ; ce serait sortir d'ailleurs des étroites limites que nous nous sommes proposées.

Il était heureux : c'est tout dire.

Dans une famille vraiment chrétienne, comme était celle de monsieur Auriol, la foi eut bientôt ramené la consolation. Qu'avait à craindre une mère d'ici-bas pour un fils qui devenait l'enfant de la mère d'un Dieu ? Les prières avaient remplacé les larmes, et la bouche du chrétien ne savait plus que répéter : « *Domine secundum voluntatem tuam.* » « Selon ton bon vouloir, ô mon Dieu. »

Il devait nous paraître bien dur, ce bon vouloir de Dieu, et ce n'était pas sans douleur que nous devions voir à travers le voile de l'avenir la profondeur de ses desseins. Un instant, le pauvre voyageur avait cru trouver le sentier qui mène droit à la Patrie ; mais Dieu voulait le ramener sur la voie de l'exil, pour montrer une dernière fois sans doute aux exilés d'ici celui que son ciel enviait déjà à la terre.

Le printemps de 1883 avait paru. On était même en juin. Plus de lettres d'Antoine, dut se dire un de ses amis, plus de nouvelles de lui !... Un mois, c'est pourtant bien long... il y a quelque chose que je ne comprends pas...

Hélas ! parents, amis allaient bientôt tout comprendre... et déjà l'on pouvait dire au Seigneur : « *Visitas eos diluculo, et subito probas illos :* Seigneur, vous les visitez le matin pour les éprouver le soir. » Un premier message annonçait à la famille le départ du scolastique pour le pays natal. Une phthisie, due à une de ces imprudences si communes surtout chez les jeunes gens, le forçait de quitter ses chers confrères, pour chercher sous le toit paternel une prompte guérison.

Ce n'est pas qu'on doutât du désintéressement de ceux qui l'avaient déjà entouré de leurs soins ; mais lui malade rester à Chevilly !..... C'était trop demander à un cœur de mère !

Madame Auriol comprenait trop bien ses devoirs au chevet d'un malade, au sein de l'affliction, comme elle les avait compris au temps d'une félicité si passagère.

La fatale nouvelle allait se réaliser : le malade annoncé devait arriver bientôt. Une pensée, un souvenir nouveau, ce fut tout ce qu'il put accorder à ses bons Pères de Cellule pendant que le train l'emportait vis-à-vis de leur demeure ; car, nous dira-t-il plus tard, je ne me sentais pas le courage de m'arrêter.

Quelque temps après, père, mère, sœur confondaient dans un morne silence la triste joie de se revoir. Oh ! ce n'était plus l'enfant d'autrefois ; son visage était pâle, ses yeux, profondément enfoncés, avaient je ne sais quoi qui trahissait ses secrètes douleurs.

« Tu souffres bien, n'est-ce pas, » lui disait-on ; mais lui : « Oh ! ce n'est rien... une indisposition... »

Et pour cacher sous une force qui n'était qu'empruntée, le mal qui le consumait, il refusa jusqu'au soir de se mettre au lit. Il n'a pas pourtant l'air si malade... dut-on se dire alors. Tout portait à le croire ; mais l'illusion tomba bientôt.

Une toux qui ne lui laissait aucun repos, une fièvre continuelle, une sueur froide et abondante, il n'en fallait pas davantage pour révéler les symptômes d'un mal d'autant plus grand qu'il le paraissait moins. Le rapport d'un docteur justement renommé vint confirmer ces douloureuses prévisions. Appelé sans retard auprès du nouveau venu, il connut bien vite quelle cruelle maladie était la sienne, et quand il s'en retourna, aux pressantes questions de la pauvre famille, ce que plusieurs disent par un signe de tête, il le traduisit par de tristes paroles.....

L'enfant de Saint-Sauveur voyait arriver avec la fin de juillet celle de ses travaux ; Antoine en éprouva une joie visible : « J'irai à Cellule, dit-il, à la distribution des prix ; car je serai guéri. »

O trompeuse espérance, il fallait bien aussi que tu vinsses lui sourire pour ajouter aux épines de sa couronne celle d'une amère déception.....

Pourtant, si ses rêves ne devaient point se réaliser, du moins cette période de liberté qui allait s'ouvrir pour plusieurs devait lui procurer quelques visites. Et quel bonheur pour un malade que la visite de quelqu'un qui lui est cher ! La seule présence d'un ancien camarade de Séminaire semblait alléger ses souffrances. Longues conversations, promenades, rien de tout cela ne l'eut jadis rebuté. Mais, dans ce pauvre corps, tout avait bien changé ; même l'enjouement du jeune homme avait fait place à l'humeur susceptible du malade, et il faut avoir intimement connu l'un et l'autre pour établir un juste contraste. Mais alors, quel effrayant contraste ! Un rien l'agace, le moindre bruit le fait souffrir, lui si doux, si patient autrefois.

Maintes fois son cœur lui dit d'écrire au R. P. Supérieur, mais sa main débile s'y refusait toujours..... Quelle privation pourtant de ne point voir ces bons Pères de Cellule, de ne pouvoir même leur écrire !

Il n'y avait qu'à en gémir, et il en gémit longuement. Cependant, une pensée le consolait toujours, l'espoir de jours meilleurs. Illusion, rêve d'or du malade, qui chaque jour faisait un pas de plus vers l'inévitable abîme.

Le mal s'aggravait sensiblement ; une douleur à la jambe devait venir encore le clouer infailliblement sur son fauteuil. Tous les secours d'ici-bas devaient échouer devant un mal qui ne lâche que trop rarement sa victime. Pourtant, quelles armes n'employa pas cette pauvre mère pour lutter contre la mort ! Depuis l'arrivée de son cher Antoine, rien n'avait pu l'arracher d'auprès de lui. Le sommeil même devait la trouver invincible dans le dévouement que lui traçait son amour. Depuis ce triste retour, chaque nuit la trouvait inévitablement au chevet du pauvre phthisique ; et quand paraissait l'aube du jour, qui aurait pu se douter même de sa généreuse insomnie ? Un mot, une plainte : c'était trop attendre d'une bouche vraiment chrétienne.

Touchante humilité qui jusqu'à la fin ne devait pas plus se démentir chez elle que son héroïque courage.

Au lieu d'une crainte, il en fallait deux pour le père et l'époux, afin qu'il fût plus vrai de dire que Dieu éprouve ceux qu'il aime. Mais qui pouvait dissuader madame Auriol de sa noble conduite ?....

L'amour de Marie conduisait au roc de la grotte de Lourdes l'Auvergne catholique et son vénéré Pasteur ; c'en était assez pour attirer vers un nouvel horizon les regards de la famille éprouvée. Il est l'enfant de Marie, se dit-on, Marie le sauvera ; et il fut convenu que M. Auriol irait demander un prodige de plus à la Vierge miraculeuse. Tardive pensée, qui ne devait point avoir son cours : le dernier nom avait complété le nombre des pèlerins. Il était trop tard pour cette fois. Une première déception ne pouvait rien changer à de si beaux désirs, et quelque temps après, quand dans les mains de M. Chardon flottait la bannière d'un nouveau pèlerinage, cette bannière trouvait la jeune sœur du malade prête à s'enrôler sous ses plis.

Vierge sainte, quel n'est pas ton sourire quand, aux pieds de ta miraculeuse image, tu vois prosternée, suppliante, une âme pure et candide ! Et pourtant, tu ne devais point écouter la prière de la pieuse enfant..... Dieu l'appelle, Marie le veut, dut se dire alors le chrétien. Nouvel oracle d'Epidaure, le monde l'avait devancé et avait murmuré déjà :

> . . . . . . Les feuilles des bois
> A tes yeux jauniront encore,
> Mais c'est pour la dernière fois.

Ce qui n'était qu'un vague pressentiment allait devenir réalité. La feuille jaunissait et le pauvre malade ne pouvait point dire comme le promeneur mourant de la *Chûte des feuilles* :

> Tombe, tombe, feuille éphémère,
> Voile aux yeux ce triste chemin ;
> Cache au désespoir de ma mère
> La place où je serai demain.

Lui devait tomber avec la première feuille.

La fièvre l'agitait de plus en plus, la violence de la toux ne faisait que s'accroître ; tout annonçait l'approche de l'épreuve.

L'on était au lundi 15 octobre : des crises fréquentes firent craindre que le malade n'entendît l'appel du Seigneur, et sur sa couche d'agonisant le scolastique fit solennellement ses vœux. Après cette faveur prématurée, il était prêt pour le départ. Le jour passa, le lendemain et les jours suivants passèrent..... Le combat fut terrible. Le jeudi soir parut : l'agonie étreignait plus étroitement sa victime, et le vendredi matin avant l'aurore devait sonner l'heure fatale.

Arrête tes sanglots, retiens tes larmes, courage, pauvre mère ; l'héroïne des Machabées en livra sept aux bourreaux, et ce n'est que le sixième que tu donnes au paradis.

Pars de ce monde, âme chrétienne, prends la voie qui mène à Dieu. Et toi, Marie, ouvre tes bras pour recevoir ton enfant bien-aimé,

> Car ses yeux obscurcis ont baissé vers la tombe,
> Ses lèvres au calice ont puisé tout le fiel :
> Donne-lui pour voler des ailes de colombe
> Et viens le recevoir à la porte du Ciel.

Antoine n'était plus ; sa belle âme s'était envolée au céleste séjour, son corps allait bientôt n'appartenir plus qu'à la terre.

Le lendemain 20 octobre, quand vers la dixième heure l'airain sacré sonnait le glas funèbre, une foule nombreuse s'acheminait vers l'église, conduisant les restes chéris d'Antoine à leur dernière demeure. Huit ecclésiastiques précédaient le cercueil ; deux scolastiques, de la même prise d'habit que leur confrère, portaient le coin du drap mortuaire. Preuve vivante de l'affection qu'on avait pour le vénéré défunt. Mais si, par la présence du R. P. Lejeune et du R. P. Econome ainsi que de deux titulaires, le R. P. Supérieur avait tenu à honorer l'enfant que la mort nous enlevait, M. Auriol avait encore plus à cœur d'honorer par un service de première classe la Congrégation que son fils avait choisie et le saint habit qu'il portait jusque dans son tombeau !

Un catafalque inondé de lumière était dressé pour la triste cérémonie et au milieu de noires tentures se dessinaient, avec les initiales du défunt, celles de sa Congrégation.

Après le moment de la prière venait celui des larmes, et le cortége silencieux prenait le chemin de la cité des morts.

Franchissez, pauvres parents, franchissez pour la sixième fois le funèbre portique ; franchis-le, mère infortunée, d'un pas ferme et résolu : le glaive qui effleure ton cœur pour la sixième fois transperça sept fois le Cœur de Marie.

Il fallait se séparer, et c'était sur les bords d'une tombe. Quel beau spectacle offrit alors l'enceinte silencieuse ! Pendant que chaque paupière laissait tout bas s'échapper une larme, une troupe de jeunes gens du même âge qu'Antoine s'avançait près de son cercueil pour jeter sur sa cendre une modeste couronne de feuillage.

La terre avait désormais sa victime, mais le paradis comptait à son banquet céleste un convive de plus.

Maintenant, ô mon Dieu, tu n'as sans doute plus besoin d'anges pour peupler ton ciel; laisse donc à l'amour d'un père et d'une mère, que l'épreuve a visités, le dernier enfant que tu leur donnas; laisse à une famille en deuil l'ange qui console, et à nous, Seigneur, laisse le souvenir.

Francisque Lastiolas,
Élève de Rhétorique.

NOTICE BIOGRAPHIQUE

SUR

L'ABBÉ CHARLES DEMAY

SCOLASTIQUE DE LA CONGRÉGATION DU S.-ESPRIT ET DU S. CŒUR DE MARIE,

décédé dans la Communauté de l'Immaculée Conception (Trinidad), le 23 janvier 1884.

A la veille de la fête de la Conversion de saint Paul, de l'année de grâce 1884, de pompeuses funérailles se faisaient à Port d'Espagne. Monseigneur Gonin, archevêque de cette ville, et Monseigneur Hyland, son coadjuteur, y donnaient l'absoute aux restes mortels d'un jeune clerc de la Congrégation du Saint-Esprit et du Saint-Cœur de Marie, qui au jour de sa prise d'habit avait choisi pour patron de religion le célèbre apôtre des Gentils. Qu'était donc ce défunt dont le sépulcre était si glorieux? *Sepulchrum ejus erit gloriosum.* C'est ce que nous avons l'intention de raconter ici, aussi brièvement que possible, en faisant connaître la trop courte mais très-édifiante vie de M. Ch. Demay.

Il vint au monde le premier vendredi du mois du Sacré-Cœur, en 1862, à la Neuville. Notre-Dame d'Amiens, qui vingt ans plus tôt veillait sur la Société naissante du Saint-Cœur de Marie, comme l'a si bien dit l'éminent cardinal auteur de la *Vie du Vénérable Libermann,* Notre-Dame d'Amiens veillait le 6 juin sur le berceau de ce nouveau-né et le prédestinait à devenir l'un des fils de notre saint Fondateur.

Il avait pour père un Auvergnat originaire de la paroisse de Cellule, frère utérin du R. P. Marien Montel, c'est-à-dire qu'il sortait d'une famille de foi. Malheureusement, il perdit en bas-âge les auteurs de ses jours. La Providence, d'ailleurs, lui donna dans un oncle maternel un tuteur dévoué chez qui il fut retiré et dans son digne curé un véritable Raphaël; grâce aux soins de l'un et de l'autre, sa jeunesse fut préservée du mal et il se prépara très-saintement au grand acte de sa première communion.

Comme le jeune Demay nous l'apprend dans sa lettre de demande d'admission au petit Scolasticat de Saint-Sauveur, dès sa plus tendre enfance il songea à se consacrer à Dieu. Le temps était venu de voir si les désirs de Charles étaient conformes aux desseins de Dieu sur lui. Sa qualité d'orphelin fit que son oncle, religieux de la Congrégation, alors à la Martinique, s'intéressa plus particulièrement à lui et pria ses supérieurs d'essayer les qualités de son neveu. C'est à cause de cela qu'il fut admis dans l'Orphelinat de N.-D. Préservatrice. Il y fut placé dans la section des latinistes qui suivaient, en qualité d'externes, les cours du petit Séminaire de Saint-Nicolas-du-Chardonnet. C'est là qu'il se lia d'amitié avec MM. Bichain et Emonet, avec lesquels il arriva à Cellule le 18 septembre 1876. Ses compagnons de voyage et ses émules dans la science et dans la vertu l'ont devancé dans la tombe, mais nous ne croyons pas qu'ils aient pu le surpasser dans son amour pour la Congrégation. « En portant au R. P. Directeur les quelques notes recueillies sur M. Emonet, j'ai reçu votre lettre, écrivait-il au R. P. Hubert le 22 décembre 1881. Vous me demandez si je n'ai pas peur en me voyant rester seul de N.-D. Préservatrice ? Non, bien cher Père, je ne craindrais qu'une seule chose, ce serait de ne pouvoir mourir comme eux dans la Congrégation ; mais j'espère vivement que le bon Dieu ne m'abandonnera pas et que je n'aurai jamais à craindre d'en sortir. » Mais n'anticipons pas.

Le nouveau postulant scolastique fut placé en Cinquième à la rentrée des classes. Il avait eu le temps de voir sa grand'mère paternelle et tous les autres parents de la même branche qui habitaient et habitent encore Cellule et Saulnat, et l'affection vive et sincère qu'il eut pour eux n'a jamais porté la moindre atteinte à son attachement inébranlable à sa vocation. C'est une remarque consolante que nous devons faire ici. Aucun des enfants que le bon Dieu a choisis dans cette paroisse de Cellule pour s'attacher à nous n'a trouvé le moindre obstacle parmi les siens et est resté aussi fidèle à sa vocation qu'aux sentiments d'affection pour la famille.

Au milieu de ses jeunes confrères, le jeune Demay se présenta avec un caractère franc, ouvert, docile, avec une intelligence plus qu'ordinaire, mais aussi avec une santé délicate et une certaine légèreté qui exigèrent beaucoup de soins de la part de ses nouveaux directeurs. Aussi demeura-t-il plus de deux ans avant de recevoir l'habit religieux, grandement convoité par lui. Il s'en revêtit le 24 décembre 1878, en présence de toute sa famille, de sa grand'mère surtout qu'il affectionnait particulièrement. Il était alors dans sa dix-septième année. Il prit très au sérieux les engagements qu'il venait de contracter et donna depuis lors la satisfaction la plus entière sous tous les rapports. Ses progrès furent très-sensibles et il se plaça parmi les premiers élèves de la Quatrième, ce qui lui vaudra une palme de candidat à l'Académie le 30 juin 1879.

Malheureusement, la santé du jeune scolastique ne marchait pas de pair avec ses qualités et, bien qu'il n'y eut alors rien d'inquiétant, on fut heureux de se rendre aux instances de son tuteur manifestées par M. le curé de Cayeux-en-Santerre pour le laisser aller, en août 1878, embrasser en Picardie sa sœur et ses frères et se reposer près d'eux. C'était la première fois qu'il retournait au pays natal depuis son départ, et en faisant lui-même la demande exigée par nos coutumiers, il disait entre autres choses : « J'irai pour voir ma sœur et mes frères, puis la Neuville, lieu de ma naissance qui a eu le bonheur de posséder pendant quelque temps notre Vénérable Père et d'être le berceau de notre

Congrégation, enfin revoir le bon Père Besserat ainsi que mes confrères de Paris. »

Il donne à cette première sortie le cachet de ses dispositions, qui devraient être celles de tous nos scolastiques en famille. Il avait été passer quelques jours dans notre Communauté de Beauvais, et c'est de là qu'au moment de regagner Cayeux il écrivait au R. P. Supérieur : « Je vais rentrer dans le monde, au moins de corps, mais jamais d'esprit et de cœur. C'est maintenant que j'apprécie les douceurs de la vie de communauté et que je remercie de tout cœur la divine Providence d'avoir mis à ma portée la maison de Beauvais qui m'a procuré, dans un seul voyage, un triple avantage : le premier, de passer la fête de notre bonne Mère au milieu de ses dignes membres; le deuxième, de me retremper dans la vie religieuse, et le dernier, de faire un pèlerinage à Saint-Joseph et de placer ainsi le reste de mes vacances sous la puissante protection de ce grand saint..... » Puis il rend compte au R. P. Supérieur de sa conduite, de son règlement, des petites difficultés intérieures qu'il éprouve; il se loue d'ailleurs beaucoup des soins dont l'entourent et son oncle tuteur et son curé, et malgré cela il dit quand même : « Je n'avais jamais cru que, pendant les vacances, on eût à redouter tant de piéges de la part du monde. Priez donc, je vous en supplie, pour que votre enfant ne défaille point..... » Il termine en disant que le Directeur de N.-D. Préservatrice l'a engagé à passer quelques jours au milieu de ses anciens confrères en retournant à Cellule, et il ajoute : « Une demande d'un Père de la Congrégation est pour moi un ordre de Dieu, et ce serait une ingratitude si je ne faisais pas ainsi. » (Lettre du 28 août 1879.)

Ce cher scolastique, n'étant pas arrivé au jour où on l'attendait à Cellule, comprit parfaitement que les convenances et l'esprit religieux exigeaient de lui qu'il expliquât son retard. Il écrivait donc de Paris le 2 octobre : « Ne voyant pas revenir votre enfant, vous devez concevoir de la crainte à son sujet; voilà pourquoi je m'empresse de vous donner quelques explications. J'ai quitté ma famille le 22 septembre dernier; je suis passé à Beauvais pour mettre mes études et ma vocation sous la puissante protection de saint Joseph, et le lendemain je me trouvais auprès du bien-aimé Père Besserat, qui m'a dit d'attendre sur votre recommandation le départ de M. Bernoux..... Veuillez expliquer les motifs de mon retard au R. P. Costes et lui offrir mes respects ainsi qu'à tous les membres de la Communauté. »

Quand il revint à Cellule, il ne nous parut point du tout remis; il avait plutôt souffert de ses vacances qu'il n'en avait profité. Il était d'ailleurs toujours excellent élève et excellent scolastique; aussi le même jour, après avoir émis entre les mains du R. P. Supérieur les vœux privés de religion, reçut-il à onze heures sur sa poitrine la palme d'académicien. L'année 1879-80 a été pour lui une excellente année, si on en excepte l'état sanitaire, et on comprendra la valeur littéraire de ce jeune étudiant quand on se rappellera qu'envoyé en Bretagne pour y rétablir sa pauvre santé, il y rendit compte des fêtes qui eurent lieu à N.-D. de Langonnet, les 7 et 8 août, d'une façon si gracieuse que le souvenir en a été conservé dans le numéro 25 du *Myosotis* (page 139).

Pendant sa Rhétorique, on constata avec peine qu'à la faiblesse de constitution s'ajoutait une surdité qu'on considéra comme une conséquence de l'anémie de cet enfant. On ne négligea rien pour le guérir et le fortifier ; il suivait aussi bien que possible la règle commune et conservait dans sa classe le rang honorable que ses talents et son travail lui avaient acquis.

Malgré toutes les précautions, on fut obligé de devancer pour lui l'époque des vacances, et au milieu de juillet, après avis de la Maison-mère, on l'envoyait à Paris en compagnie de son confrère et condisciple M. Bichain, également très-indisposé. On sait que ce dernier mourut dans le courant des vacances. Pour le jeune Demay, lui-même raconte, à la date du 18 juillet 1881, dans une lettre écrite de son pays natal, et les circonstances de son voyage et le danger que courait sa vocation. Il raconte d'abord l'excellent accueil que reçurent nos enfants en arrivant à Paris, de la part des RR. PP. Colin et Barillec ; puis la consultation qu'il alla prendre, sous la direction du bon P. Duby, chez M. le docteur Prat, spécialiste pour les maladies d'oreilles, et il continue : « O mon Père, que j'ai souffert dans la seconde entrevue que j'ai eue avec le T.-R. P. Général ; il me déclara en effet que, vu mon infirmité, je ne pouvais, tant que je ne serais pas guéri, demeurer dans la Congrégation et que je devais en conséquence me rendre en laïque chez moi. Je l'ai vivement alors supplié de considérer que je ne pouvais me rendre chez moi en laïque, vu que j'y étais déjà allé en soutane (1879) ; que le docteur Prat m'avait donné lieu d'espérer ma guérison, que Dieu me l'accorderait sans doute après un traitement de deux mois, etc..... Le T.-R. Père fut très-bon, mais voulut, avant de me répondre, consulter le R. P. Colin. Que j'ai souffert, mon Père, pendant ce quart d'heure qui me parut un siècle ! Dieu eut pitié de moi, et l'on m'annonça que je resterais enfant de la Congrégation, mais que je ne devais pas revenir avant que j'en eus reçu l'ordre, et qu'à la rentrée, si mes oreilles n'allaient pas mieux, on prendrait une décision. Voilà, mon Révérend et bien-aimé Père, les terribles angoisses que j'éprouve maintenant. Cependant, je ne puis croire que Dieu qui s'est montré si bon pour moi m'abandonnera, et que le Saint-Cœur de Marie qui m'a conduit d'une manière si providentielle dans son Institut me délaissera. Il est vrai que je suis bien indigne de vivre de la vie sacerdotale et religieuse. Mon tuteur est bien bon pour moi, mais je ne puis penser à rester avec lui ; que ferai-je alors ? Toutes mes pensées, mon but, mon cœur, ne convergent qu'à vivre et à mourir dans la Congrégation. Ma surdité n'est point incurable et elle n'est point trop grande. Si on ne veut pas de moi au grand scolasticat, ne pourrai-je pas entrer au Noviciat des Frères ? Je n'aurai pas l'insigne faveur d'être prêtre, mais du moins je mourrai content, puisque je pourrai vivre et mourir dans l'Institut.

» Je ne demande qu'une chose au bon Dieu si cela ne peut arriver, c'est qu'il me fasse bientôt mourir.

» Je n'ai point pu ni osé demander au T.-R. Père la formule de profession, alors qu'il jugeait devoir me renvoyer ; mais si je viens à tomber malade, j'écrirai immédiatement à la Maison-mère pour l'obtenir. Malheureusement (et je crains d'avoir dit justement ce mot), ma santé s'améliore grandement et tout le monde en est étonné. Priez, mon Père, et faites prier pour votre enfant, et joignez ma vocation aux recommandations qui sont faites à N.-D. de la Vocation et à l'Archicon-frérie pour que je meure avant d'être délié de mes engagements. Je vais écrire dans le même sens à l'Archiconfrérie de Beauvais et à N.-D. des Victoires..... Veuillez exprimer mes regrets au R. P. Costes et au P. Latappy, et dites au P. Directeur que je lui écrirai sans tarder. Veuillez lui manifester mes craintes et faire prier les confrères pour moi..... Votre enfant désolé mais confiant dans le Saint-Cœur de Marie. »

On comprendra aisément que le bon Dieu devait bénir des dispositions aussi parfaites, en inclinant le cœur des premiers Supérieurs à la plus grande indulgence pour un sujet si attaché à sa vocation ; aussi Charles Demay commença-t-il sa Philosophie au grand scolasticat, comme le témoigne le passage d'une de ses lettres en date du 3 octobre 1881 : « Notre retraite s'est clôturée hier soir, et malgré ses huit jours elle m'a paru assez courte ; c'est qu'en effet votre pauvre enfant en avait bien besoin après ce retour des vacances ; c'est aussi avec un plaisir inexprimable que j'ai entendu le R. P. Emonet nous parler du bonheur de la vie religieuse, lorsque j'avais été sur le point de perdre ce don inestimable de la vie religieuse et apostolique..... L'état de mes oreilles s'améliore. Hier matin, j'entendais le tic tac de ma montre placée à plus d'un mètre..... Demain nous attaquons sérieusement le *Quid sit Philosophia?* »

Trois mois plus tard, dans le billet auquel nous avons emprunté quelques lignes du commencement de cette notice, M. Demay écrivait encore : « Grâce à Dieu, je ne sens aucune fatigue ni malaise de poitrine ; je suis le même régime que les autres confrères..... Mon unique remède est l'huile de foie de morue créozotée. Plaise à Dieu que ce mieux augmente chaque jour et que je puisse travailler un jour dans la Congrégation. L'état de mes oreilles s'améliore chaque jour..... Les perforations (1) commencent à se fermer d'une manière très-sensible ; toutefois, j'espère plus en l'intercession du Vénérable Père qu'en l'art du médecin. Je récite une espèce de petite Couronne en l'honneur du Vénérable Père et je lui demande, non pas d'être guéri, mais d'être surtout résigné à la sainte volonté de Dieu.

» Malheureusement, si j'ai mal aux oreilles, je n'en ai pas à la langue, et ce peu d'amour pour le silence m'empêche beaucoup d'avancer dans la vie intérieure. »

Les sentiments délicats et reconnaissants de ce scolastique n'ont jamais varié, comme nous l'avons déjà vu et comme nous aurons encore l'occasion de le voir.

« J'aime à penser qu'à Cellule, écrivait-il le 19 mars 1882, se trouvent réunis deux Pères qui me sont chers à plus d'un titre : c'est à mon oncle que je dois d'avoir connu la Congrégation et d'y être entré, et c'est grâce à vous que j'ai pu en devenir l'enfant et y rester cette année contre toute espérance. Pendant ce beau mois, j'ai demandé à saint Joseph de m'accorder l'amour de l'étude, afin d'apporter un peu plus de réflexion dans l'examen des belles et importantes questions que maintenant nous traitons. C'est bien triste à dire, je suis devenu paresseux, et il m'arrive souvent de perdre beaucoup de moments précieux. »

C'est par lui encore que nous apprenons qu'il inspire de nouvelles

---

(1) Dans la première visite dont nous avons parlé précédemment, le docteur Prat avait constaté que le mal consistait dans une perforation des deux tympans, par suite d'eau de mer imprudemment conservée dans les oreilles.

inquiétudes et que, sur l'avis du médecin, on va lui faire faire une saison au Mont-Dore.

« Vous n'ignorez pas peut-être que j'ai perdu un peu de cette santé si florissante au mois de janvier et que pendant ces deux derniers mois j'ai ressenti un peu de fatigue. Le R. P. Vicaire m'a permis d'aller passer quelque temps au Mont-Dore, sur l'avis du docteur, qui est persuadé que ces eaux auront sur ma poitrine un excellent résultat. Je viens donc encore frapper à la porte de Saint-Sauveur. » (Chevilly, 13 juillet 1882.)

Il vint à Cellule, y passa quelques jours et partit pour le Mont-Dore avec des lettres de recommandation. Il en écrivait le 28 juillet, avec son abandon ordinaire, une lettre à laquelle nous emprunterons quelques extraits : « Sur les indications de M. l'abbé Lardy (1), je suis dans une excellente maison, l'hôtel du Vatican..... Le lendemain de mon arrivée, j'étais au bureau des billets de traitement thermal, lorsque le directeur me demanda si je ne venais pas de la Communauté de Cellule. Sur ma réponse affirmative : « Monsieur l'abbé, me dit-il, je puis alors vous faire une remise de 50 pour cent..... » Puis, se préoccupant surtout de la Congrégation qu'il craignait de ne pas assez bien représenter, il disait : « Au milieu d'une foule d'ecclésiastiques qui certainement m'observent (2), est-ce que je me comporte selon la dignité d'un membre de la Congrégation ? Est-ce que ma légèreté, mon peu de savoir-vivre ne doivent pas enlever le respect que méritent mon habit et mon titre de scolastique du Saint-Esprit et du Saint-Cœur de Marie ? C'est ce que je crains beaucoup..... » Et alors il indique les précautions qu'il prend pour éviter de se compromettre; puis : « Du Mont-Dore je me transporte à N.-D. de la Vocation et je la supplie de me garder au milieu de tant de dangers, de dissipation, et de me ramener le plus tôt possible sain et sauf à Saint-Sauveur. » (Lettre du 28 juillet 1882.)

A son retour parmi nous, nous constatâmes avec joie les heureux effets produits par sa saison. Pour lui, craignant qu'on retardât sa rentrée au Saint-Cœur de Marie, il écrit de Cellule le 24 août pour demander son retour pour la retraite : « Le mieux que vous avez constaté va toujours croissant; espérons que le Saint-Cœur de Marie m'accordera d'aller sauver un pauvre noir. Ma joie et mon bonheur, c'est d'espérer qu'on me fera la grâce de mourir enfant de la Congrégation. »

Rappelé à Chevilly, il ne put voir qu'en passant le R. P. Hubert, mais il se dédommagea en lui écrivant longuement après la retraite du Saint-Cœur de Marie, pour le remercier, le prier de consoler sa grand'mère, et il lui disait : « Vous prierez N.-D. de la Vocation, pour qu'elle accorde à votre enfant, non pas tant la santé que la résignation à la divine volonté et que, si le bon Dieu veut m'appeler jeune, auprès de notre vénérable Père, je lui fasse, généreusement et sans regret, le sacrifice de ma vie; mais surtout, demandez pour moi l'esprit de gravité et de silence, et que je ne vous donne plus la douleur d'apprendre que je suis irrégulier et léger. » (Chevilly, 2 octobre 1882.)

(1) Alors vicaire au Mont-Dore, ancien élève de Cellule.

(2) D'après cette lettre, il y avait là trente prêtres, parmi lesquels les Supérieurs des grands Séminaires d'Autun et de Montpellier, un Mariste et trois Lazaristes.

Plus tard, à l'occasion du 23 novembre, il écrit : « Ne devrais-je point vous donner la consolation d'apprendre qu'en réponse à votre paternelle affection, je m'applique de tout cœur à combattre ma légèreté habituelle, grand obstacle à mon avancement intérieur. Cette légèreté est toujours bien enracinée, et les résultats pour l'extirper sont médiocres ; cependant, je suis bien loin de me décourager, et, avec l'aide bienveillant du R. P. Directeur, je ne désespère pas de la terrasser. Aussi, bien aimé Père, j'ai cru devoir former mon bouquet de fête des résolutions prises dans ma dernière retraite, lesquelle je veux fermement renouveler en recevant le doux Jésus à votre intention. En acceptant ce bouquet, veuillez demander au grand saint Clément de me rendre digne d'avancer aux saints Ordres dont (je le crains beaucoup), ma légèreté pourrait me tenir éloigné, et qu'aussi il m'accorde le bonheur d'aller mourir en Afrique. » (22 nov. Chevilly.)

Enfin, en février il annonçait, avec infiniment d'humilité, son appel à la tonsure, pour le samedi de la Passion. Il fut tonsuré dans des conditions toutes particulières. Mgr di Rende, nonce apostolique, avait bien voulu faire cette ordination, et le jeune Demay, auquel il coupa les cheveux, n'eut la tonsure cléricale que quelque temps après, parce que il devait passer au conseil de révision, où il fut exempté.

Voici comment il raconte la chose au R. P. Supérieur : « Au lieu de faire valoir mon exemption ecclésiastique, je me suis présenté dernièrement au conseil de révision à Paris, à cause de mes oreilles et de ma poitrine. Le chirurgien ne fit qu'examiner la perforation d'une seule oreille, et, sans m'interroger sur l'intensité de ma surdité, me déclara exempt. Sur ce point, je suis donc désormais libre, et je ne soupire qu'à me consacrer le plus vite possible aux pauvres noirs. » (Lettre du 17 mai 1883.)

Six jours après, il apprenait lui-même, par une lettre de Paris, la destination qu'on venait de lui donner pour la Trinidad, et priait le R. P. Supérieur d'annoncer à sa grand'mère cette heureuse nouvelle, et l'obligation où il était de faire le sacrifice d'un voyage en Auvergne. Il partait pour Cayeux, faire ses adieux à sa sœur et à son tuteur : « Je me recommande spécialement à Notre-Dame de la Vocation et à saint Joseph ; priez, pour que je sois bien courageux, bien dévoué, en commençant à travailler un peu pour la Congrégation. Ne me grondez pas si je me montre trop peu énergique et détaché, car ma grand'mère est bien vieille et c'est fini, je ne la reverrai plus sur cette terre. Adieu, bien-aimé Père, vous, qui vous êtes montré si bon et si bienveillant pour moi et m'avez sauvé au moment où je croyais ma chère vocation perdue. » (Paris, 25 mai.)

Le *Myosotis* a donné le compte-rendu de la traversée de ce scolastique, quittant Saint-Nazaire le 6 juin pour arriver à la Trinidad le 22 du même mois. Aucun de ceux qui ont lu ce récit n'aura manqué de reconnaître l'esprit charmant et délicat de son auteur ; mais, nous croyons faire mieux pénétrer encore dans l'intime de ce sujet, en citant ici un passage de la lettre dont le numéro 28 du *Myosotis* n'a donné que la narration.

Il s'excuse d'avoir attendu quatre mois pour écrire ; il fait part des sentiments de peine que lui a causé la mort de sa grand'mère, survenue pendant les vacances : « Et maintenant que je suis seul, je puis dire plus que jamais, avec vérité : la Congrégation est mon unique mère. »

Il se loue de son nouveau supérieur et de ses confrères, demande des renseignements sur la maladie et les derniers instants de sa grand'mère, et renouvelle au P. Supérieur ses sentiments d'affectueuse et inaltérable reconnaissance, en analysant tout le bien qu'il lui a fait : « Vous m'adoptez pour votre enfant pour me conduire de Notre-Dame Préservatrice au saint Scolasticat de Saint-Sauveur ; avec patience et tendresse, vous ne vous lassez point de me guider et de me relever chaque jour, pendant deux années, d'un épineux et infructueux postulat. Avec quelle joie ne m'avez-vous pas annoncé que la Congrégation m'adoptait pour son enfant et ne m'avez-vous pas donné cet habit tant désiré, en retour de mon oblation. Après le 24 décembre 1878, avez-vous cessé de veiller sur moi ? Non, et jamais je n'oublierai l'affection avec laquelle vous m'avez toujours soutenu, me consolant dans mes tristesses, et d'un mot me consolant dans mes alarmes. Vous ai-je jamais quitté une seule fois le cœur triste et rempli d'amertume. Durant cette longue maladie, dont le dénouement fatal paraissait imminent ; quelle ne fût pas votre vigilance, tant sur la santé du corps que sur celle de l'âme ? Puis, lorsque survint ce moment terrible de l'épreuve, lorsque je ne croyais plus à aucun secours humain, vous voulûtes être mon unique appui, et par vous je trouvais, dans le R. P. Emonet, un bienveillant et puissant protecteur. Pendant les deux années que j'ai passées au Grand Scolasticat, vous vous êtes enquis, avec une bonté touchante de mes nouvelles, et j'ai reçu de douces lettres de vous, que je relis maintenant, non sans émotion, parce qu'elles prouvent votre paternelle sollicitude. Bien qu'au loin, je compte toujours sur vos prières et sur vos conseils..... — Il parle de son désir de recevoir le *Myosotis*. — Car, dit-il, ce sera Cellule, la France à la Trinidad. Oh ! Cellule, quelle douceur je trouve dans ton doux souvenir ! C'est avec une véritable émotion que j'entends, sous les doigts du Frère Théodore, résonner les airs gracieux des cantiques que nous chantions à Cellule et que j'ai emportés avec moi : « Sur la rive étrangère, » ou : « J'irai le voir un jour, » ou encore cette naïve prière : « Enfant Jésus, doux petit frère, » et je deviens plus content et plus courageux ; et de Cellule je me transporte au tombeau de notre vénéré Père, à qui je demande l'esprit de sacrifice. » (Port d'Espagne, 12 octobre 1883).

Deux mois plus tard, il écrivait à son directeur, le R. P. Gérer, une longue lettre où brillent les qualités de son esprit et de son cœur déjà connues. Citons-en quelques passages : « ..... Voilà cinq mois que je me trouve à la Trinidad, et je remercie le bon Dieu de m'avoir toujours accordé une excellente santé : pas la moindre fièvre, pas le moindre mal de poitrine..... La Trinidad est un bien beau pays, que j'aime beaucoup parce que j'y fais la volonté de mes supérieurs, c'est-à-dire celle du divin Maître..... Ma grande crainte a été d'être inutile et de recevoir la triste nouvelle de mon incapacité à travailler dans la Congrégation..... » Il expose avec une grande naïveté ses petites misères, ce qu'il appelle une « bouderie de nationalité, » ses dispositions à l'oraison, à la sainte Communion, qu'il fait à toutes les fêtes de deuxième classe, en dehors du dimanche, du mercredi et du vendredi. Il prend conseil pour ses études, son réglement particulier et la retraite mensuelle, et il termine : « Priez, Révérend et bien cher Père Directeur, pour que chaque jour je devienne plus digne de votre bienveillance, plus courageux, plus amoureux de la Croix, et que, dans une bonne retraite, je me retrempe dans l'amour de Notre-Seigneur. » (Lettre du 6 décembre 1883.)

Il est difficile de citer des passages plus édifiants et plus touchants, et cependant nous avons réservé le bouquet pour la fin de cette notice. Au moment en effet, où nous croyions M. Demay plein de vie, nous apprenons, par le courrier de la Trinidad, qu'il a rendu sa belle âme à Dieu le 23 janvier à huit heures 3[4. Il avait été pris, le 3 janvier, de vomissements de sang, qui ne cessèrent que le 10 et le laissèrent dans une faiblesse telle, qu'on jugea prudent de lui administrer le sacrement de l'Extrème-Onction le 17. Il prononça ses vœux perpétuels avec une grande joie : « Maintenant, dit-il, je puis mourir en paix. » Il a édifié tout le monde par sa grande résignation et sa piété et a été content de mourir enfant de la Congrégation.

Après la lecture de cette notice, personne ne mettra cela en doute, et on verra que les sentiments de ce généreux enfant ne se sont point démentis par la lettre ci-jointe qu'il écrivait l'avant-veille de sa mort au R. P. Supérieur et que le même courrier a apportée en France :

« Mon Révérend et bien cher Père : « *Lœtatus sum in his quœ dicta sunt mihi, in domum Domini ibimus.* » Le bon Dieu m'appelle à lui, et je suis heureux de répondre à son divin appel, sans aucun regret. calme, content et résigné. C'est maintenant que je ressens qu'il est doux de mourir en religion. J'ai pensé avoir la force de vous faire moi-même mes adieux ; mais je suis obligé de recourir à un aide bien aimable. Votre lettre m'est parvenue le 1er janvier. Avec quel plaisir serais-je allé prier pour vous sur la tombe du bon Père Bonjean ! Mais déjà, ce jour-même, je ressentais les premiers symptômes de la maladie qui m'emporte, c'est-à-dire de violentes hémorragies qui, maintenant, sont changées en une bien grande faiblesse. Mais du moins, au ciel, nous pourrons prier pour notre commun Père, et vous connaissez mon cœur !

» Je suis heureux de faire le sacrifice de ma vie. Offrez aux Révérends Pères Lejeune, Latappy, Chauffour, mes derniers souvenirs. Veuillez aussi communiquer cette nouvelle, de mon heureux départ de cette terre, à mes parents, surtout à mes bonnes tantes. Consolez-les, mon Père, et priez pour votre enfant qui, au ciel, se fera un bonheur de prier pour son affectueux Père. » A la même date et avec la même effusion, il faisait ses adieux à ses confrères du Grand Scolasticat et au sage Directeur de ce pieux asile. Aux premiers, il écrivait :

« Mes bien chers frères, avant de quitter cette terre, il m'est bien doux de pouvoir m'entretenir avec vous. Il me serait impossible de vous dire, bien chers, quel contentement j'éprouve de mourir en notre bien chère Congrégation, pour aller un jour vous rejoindre auprès de Notre Vénérable Père.

» A vous tous, — particulièrement aux chères confrères de mon année, — je me recommande. Soyez sûrs, que de mon côté, je ne vous oublierai pas. Enfin, bien chers, je viens vous demander pardon des scandales que j'aurais pu vous donner, en passant au scolasticat, dans ma vie si peu laborieuse et si peu religieuse.

» Au revoir au Ciel !

» Tout pour Jésus ! Tout pour Marie ! Votre frère bien-aimé. »

En même temps il s'adressait au R. P. Gérer :

« Mon Révérend et bien-aimé Père, le bon Dieu m'appelle à lui. Il permet que mes derniers instants soient calmes et tranquilles ; aussi, veuillez l'en remercier pour moi. Que son saint nom soit béni ! — Je meurs résigné de tout cœur, à la sainte volonté du bon Dieu, — et dites au T. R. Père, à qui je me serais fait un bonheur de pouvoir, au dernier moment, protester de mon attachement et de mon obéissance ; — que je suis heureux de pouvoir mourir en accomplissant sa volonté, et que maintenant encore, cent fois, je serais tout prêt à repartir pour la Trinidad. —

» Au revoir au ciel, bien-aimé Père ! Je pars sans aucun regret, sinon d'avoir si peu travaillé pour la Congrégation. Adieu ! mon Révérend et bien-aimé Père ! Pardonnez-moi encore une fois toutes les peines que j'aurais pu vous causer dans ma formation religieuse. — Et je sais que vous prierez pour votre enfant tout dévoué. »

Et de sa main débile il signa encore son nom avec tous ses titres de gloire : Demay Charles, scolastique tonsuré, en religion Paul, ces lignes émouvantes dictées par son cœur. Ce furent les dernières. Nous avons dit au début de cette notice quelles magnifiques funérailles furent faites à cet humble religieux. Ses restes, déposés auprès de ceux des P. P. Bonjean et Klein, qui l'avaient tous les deux devancé à Cellule et à la Trinidad, attendent sous les Tropiques la résurrection générale, tandis qu'il laisse aux confrères qui lui survivent ou lui survivront l'exemple de l'attachement et du dévouement que doit avoir tout scolastique pour la Congrégation.

Riom. — Imprimerie E. Girerd, rue Pascal, 3.